Patitos
al escape

Abby Summerhill y Noni (Gail) Summerhill
Ilustraciones de Alyssa Mazon
Traducción de Reynaldo Jiménez y Stephen Summerhill

Patitos al escape

© 2020
Abby Summerhill y Noni Summerhill
Ilustraciones, © 2020
Alyssa Mazon

Traducción, © 2020
Reynaldo Jiménez y Stephen Summerhill

Prohibida la reproducción parcial o total
de este libro y de cualquiera de sus contenidos gráficos
sin el permiso previo y por escrito de los editores.

Reservados todos los derechos

Diseño y preparación de la cubierta
y páginas interiores por Capri Porter.

Impreso en Estados Unidos de América

ISBN: 978-1-7347007-0-1

Publicado por
Legacies & Memories
St. Augustine, Florida

www.LegaciesandMemoriesPublishing.com

Este libro pertenece a
_____

Me encanta pasar tiempo con Noni, mi abuela.
Siempre nos divertimos mucho.
En el callejón detrás de nuestro apartamento, le acomodo un asiento hecho con el cubo donde mi hermano guarda sus pelotas de béisbol.

Noni se sienta y espera mientras doy una vuelta en mi patineta alrededor de la cuadra.

Cuando estaba llegando de vuelta a la casa, Noni me hace señas de que me acerque rápida y silenciosamente. Quiere que vea algo muy raro.

Es una mamá pata junto al canalón en el balcón del garaje de la casa de nuestro vecino.

Hace graznidos y mucho ruido.
De repente, baja volando al suelo.
En seguida vemos salir un patito del tubo
de desagüe. No parece lastimado.

La mamá pata parece trastornada.
Anda de un lado a otro muy preocupada.
El patito la sigue muy de cerca.

Los graznidos de la mamá pata son tan fuertes
que los vecinos en las casas cercanas
comienzan a salir al balcón.

Dos chicas nos dicen que hay un nido de patitos
en el balcón de la casa donde había
estado la mamá pata.

Las chicas van trepando de su balcón
a la otra casa y se acercan al nido.

Descubren cuatro patitos en
una maceta de flores.

Por fin entendemos por qué la mamá está tan preocupada. No sabe cómo devolver su patito al nido del balcón.

Las chicas caminan a la estación
de bomberos alrededor de la
esquina para ver si alguien puede ayudar.

Unos minutos después, pasa un coche
de policía por el callejón. Mi Noni cree que la
policía ha llegado para rescatar al patito

"¿Qué patitos?" pregunta el policía.
Nos dice que no ha venido a rescatar patos.
Dice que lo siente mucho
pero que no puede ayudar.

A estas alturas, han llegado varias
personas para ver qué pasa —
y a discutir qué se puede hacer.

Las dos chicas vuelven de la estación
de bomberos. Buscan una caja de cartón
y suben otra vez al balcón.

Con guantes en las manos,
cuidadosamente recogen a los bebés
y los ponen dentro de la caja.

Traen la caja al frente de la casa,
donde hay mucha sombra por los árboles.
Ponen la caja en el suelo.
Durante todo este tiempo, la mamá pata
ha estado haciendo graznidos muy altos.

Tan pronto como ella oye el
llamado de los patitos corre a sus pequeños.
El bebé del desagüe corre
tanto como puede para alcanzar a su mamá.

La mamá pata no puede sacar
a los pequeños de la caja.
Entonces, las chicas voltean
la caja hacia el césped.
Los pequeños caen tambaleándose al suelo.

¡Finalmente, mamá y sus cinco patitos
están juntos otra vez!

En seguida, mamá y sus bebés se alejan contoneándose a un bosque cercano con un arroyo. Nosotros los seguimos y tratamos de ver dónde van, pero ella es muy hábil en esconderlos.

Al día siguiente,
Noni y yo caminamos hacia el arroyo.
Vemos a una mamá pata con cinco patitos.
Van nadando muy alegres.

www.ingramcontent.com/pod-product-compliance
Lightning Source LLC
Chambersburg PA
CBHW042032100526
44587CB00029B/4387